Rieber

DIE EINFACHSTEN BABYBREIE ALLER ZEITEN

Dunja Rieber ist Ernährungswissenschaftlerin und weiß, wie man kleine Kinder für gesunde Ernährung begeistert! Ihr Motto: Möglichst frisch, ausgewogen und lecker soll es sein – aber nicht zu aufwendig, denn im Alltag mit zwei kleinen Töchtern bleibt nicht viel Zeit, um lange in der Küche zu stehen. Mit ihren Ernährungsratgebern möchte sie Mamas, Papas und Kindern Lust aufs Kochen machen: Eine gesunde Kinderernährung kann nämlich auch viel Spaß machen! Für ihre Arbeit wurde sie mit dem Journalistenpreis der Deutschen Gesellschaft für Ernährung (DGE) ausgezeichnet.

Dunja Rieber

DIE EINFACHSTEN BABYBREIE ALLER ZEITEN

SCHNELL GEMIXT!

Kartoffel
+ PASTINAKE
+ Kalbfleisch

LECKER
SCHMECKER

SOOOOOO....
EINFACH!

ÖL + +

=

SO EINFACH GEHT'S!

Ihr Baby fängt langsam an, sich fürs Essen zu interessieren? Es entwickelt sich prächtig und Sie denken an die Zeit, in der es nicht mehr nur Milch bekommen soll. Vielleicht fragen Sie sich: Was schmeckt meinem Baby? Und können wir die Breie selbst kochen?

Natürlich können Sie! Und es ist viel einfacher, als Sie denken. Sie brauchen pro Mahlzeit höchstens sechs Zutaten, gerade bei den »Anfängerbreien« aber deutlich weniger. Und keine Sorge, Sie müssen auch nicht stundenlang in der Küche stehen, meine Rezepte sind ruck, zuck fertig und schmecken Ihrem Baby bestimmt. Vieles können Sie sogar auf Vorrat kochen und einfrieren.

Bei allen Rezepten sehen Sie auf einen Blick, was Sie brauchen, denn alle Zutaten sind auf der Seite abgebildet. Mit wenigen Handgriffen haben Sie die Zutaten vorbereitet und in ein paar Minuten sind die meisten Gerichte fertig. Manche sogar ohne Kochen! Da gelingt das Selbstzubereiten wirklich im Handumdrehen, und Spaß macht das sogar auch!

Hat Ihr Baby noch gar keine Lust auf Brei? Oder liebt es seit Wochen Birnenmus und nichts anderes darf in die Schüssel? Oder möchte es kein Püree, sondern lieber an weichen Kartoffelspalten lutschen? Bleiben Sie entspannt und lassen Sie sich nicht verunsichern! Es gibt viele gute Wege für eine gesunde Baby-Ernährung. Normalerweise verläuft die Beikost-Phase nicht nach Plan, sondern ganz individuell. Alles ist bestens, solange Sie auf sich und Ihr Baby hören, Spaß beim Probieren haben und es sich schmecken lassen!

Viel Spaß beim Ausprobieren der Rezepte und guten Appetit wünscht

Dunja Rieber

SELBER KOCHEN IST NICHT SCHWER

Sie haben sich entschlossen, für Ihr Baby selbst zu kochen? Prima. Mit meinen Rezepten gelingt das bestimmt. Sie sind nämlich supersimpel und immer gleich aufgebaut: Oben auf der Seite sehen Sie alle Zutaten auf einen Blick – bei den ersten Breien sind es oft nur zwei bis drei, später niemals mehr als sechs. Wichtige Infos wie die Anzahl der Portionen und die Zubereitungsdauer sowie das Rezept finden Sie in der Box. Und neben dem Rezeptbild sehen Sie sofort, für welches Alter der Brei geeignet ist. Einfacher und übersichtlicher geht es gar nicht. Sie können also sofort loslegen.

Aber vielleicht möchten Sie auch noch ein bisschen mehr wissen: Wann kann ich welchen Brei füttern? Darf mein Baby auch schon Brot essen? Wie schütze ich es am besten vor Allergien? Und was mache ich, wenn mein Baby den Brei verweigert? Wie funktioniert Baby Led Weaning? Kann ich mein Baby auch vegetarisch ernähren? Das Wichtigste, was Sie wissen müssen, finden Sie in diesem Kapitel.

WAS BRAUCHT IHR BABY IM ERSTEN JAHR?

Bis zum 5. Monat braucht Ihr Baby ausschließlich Milch – und damit ist es bestens versorgt. Den ersten Brei sollten Sie frühestens mit Beginn des 5. Lebensmonats füttern. Das bedeutet jedoch nicht, dass Sie schon so früh abstillen sollen. Kleine Kostproben genügen in den ersten Beikostwochen.

Wenn Sie Ihr Baby auch weiterhin stillen, hat das noch einen anderen Vorteil: Es gewöhnt sich langsam an festes Essen und zusätzlich sinkt das Risiko für Allergien. Nach und nach ersetzen Sie dann bis zum 1. Geburtstag die Milchmahlzeiten durch Beikost. Eine gute Übersicht bietet hier der Breifahrplan (Seite 10).

Wichtig: Je weniger Milch Ihr Baby bekommt, umso wichtiger wird zusätzliches Wasser aus dem Trinklernbecher. Bieten Sie ihm zu jeder Mahlzeit etwas zu trinken an. Für Einjährige beträgt die empfohlene Trinkmenge etwa 600 ml pro Tag.

Erstes Gemüsepüree

Los geht's mit ein paar Löffelchen Gemüsepüree vor dem Stillen oder dem Fläschchen. Vielen Babys schmecken Pastinaken oder Möhren gut, denn das süßliche Aroma erinnert an die Süße der Milch. Anschließend trinkt es wie gewohnt Milch, bis es satt ist.

Weitere geeignete Gemüsesorten sind Zucchini, Kürbis, Steckrübe oder Süßkartoffel. Geben Sie in den Brei einen Löffel Rapsöl hinein. Rapsöl enthält für das Baby besonders wertvolle Fettsäuren.

Ihr Baby kommt mit dem Löffel und dem Schlucken gut zurecht? Dann geben Sie dem Gemüsepüree Kartoffeln hinzu, die den Brei sättigender machen.

Gemüse-Kartoffel-Fleisch-Brei

Mit etwa einem halben Jahr steigt Babys Bedarf an Eisen. Eisen ist wichtig für die Entwicklung und Blutbildung. Rind, Lamm, Schwein und Geflügel sind besonders gute Eisenlieferanten. Etwas mageres Fleisch im Gemüse-Kartoffel-Brei tut Babys daher gut.

Mindestens fünfmal pro Woche empfiehlt das Forschungsinstitut für Kinderernährung Fleisch. Das klingt viel, allerdings kommen nur Mini-Mengen in den Brei. Kleine, aber dafür häufiger gegebene Fleischportionen versorgen Babys besser mit Eisen als wenige größere Fleischmahlzeiten.

Damit das Eisen gut aufgenommen werden kann, kommt in den Brei etwas Vitamin-C-haltiger Saft, z. B. Orangensaft. Andere Sorten sind ebenfalls geeignet, wenn ihnen Vitamin C zugesetzt ist.

Auch in diesen Brei gehört ein Löffel Rapsöl wegen der gesunden Fettsäuren, aber auch, weil der Brei dadurch vom Energiegehalt eher an Muttermilch herankommt.

Gemüse-Kartoffel-Brei mit Fisch

Ein- bis zweimal pro Woche gibt es Fisch statt Fleisch, am besten fettreichen Seefisch wie Lachs oder Seelachs. Er enthält wertvolle Omega-3-Fettsäuren für Babys Gehirnentwicklung und außerdem wichtiges Jod.

Milchfreier Obst-Getreide-Brei

Der milchfreie Getreidebrei mit Obst ist besonders schnell zubereitet und eignet sich daher prima, wenn Ihr Baby zwischendurch Hunger hat, z. B. am Nachmittag. Er ist gut bekömmlich und schmeckt

vielen Babys. Daher ist er auch ideal zum Löffelnlernen und kann bereits im 5. und 6. Monat gegeben werden.

Vollmilch-Getreide-Brei

Weil er gut und lange sättigt, füttern viele Eltern am liebsten abends den Vollmilch-Getreide-Brei. Er versorgt Ihr Baby auch mit wertvollem Kalzium für starke Knochen und Zähne.

Brot zum Frühstück

Etwa ab dem 11. Monat gibt es morgens eine halbe Scheibe feines Vollkornbrot (harte Rinde wegschneiden), z. B. mit Butter, Frischkäse oder Wurst. Dazu trinkt Ihr Baby etwas Wasser aus dem Trinklernbecher. Zarte Haferflocken mit Joghurt und geraspeltem Obst sind ebenfalls ein babygerechtes Frühstück.

Immer nach dem Brei-Fahrplan?

In welcher Reihenfolge und zu welcher Tageszeit die Breie auf dem Breifahrplan (Seite 11) gefüttert werden, ist lediglich eine Empfehlung. Ihr Baby möchte abends Kartoffeln mit Gemüse essen und mittags Grießbrei? Alles kein Problem!

WIE VIEL MUSS ICH KOCHEN?

Alle Gerichte in diesem Buch sind für ein, zwei oder vier Baby-Portionen ausgelegt. Gemeinsam essen? Kein Problem: Rezepte für vier Baby-Portionen machen locker einen Erwachsenen und ein Baby satt.

Auf Vorrat kochen

Sie können vorgekochte Breie ohne Qualitätsverlust bis zu zwei Monate einfrieren oder bis zu zwei Tage im Kühlschrank aufbewahren. Gut zum Einfrieren eignen sich anfangs Eiswürfelbehälter.

BREIFAHRPLAN – WELCHER BREI WANN?

Wahrscheinlich wird Ihr Baby anfangs nach den Mahlzeiten noch häufig Milch trinken wollen, denn in den ersten Lebensmonaten wird sein Nährstoffbedarf noch zu einem Großteil durch Milch gedeckt. Komplette Milchmahlzeiten können – wenn Baby und Mama es möchten – natürlich auch erst zu einem späteren Zeitpunkt ersetzt werden.

Flexibel bleiben: Die einzelnen Bausteine des Ernährungsplans können Sie an die Bedürfnisse Ihres Babys anpassen und verschieben. Wird in Ihrer Familie abends warm gegessen, gibt's den Gemüse-Kartoffel-Fleisch-Brei zum Abendbrot. Genauso gut kann der Obst-Getreide-Brei auch zuerst die morgendliche Zwischenmahlzeit ersetzen, etwa wenn Ihr Baby dann in die Krippe oder zur Tagesmutter geht.

ALLERGIESCHUTZ VON ANFANG AN

Babys, die bis zum 5. Lebensmonat ausschließlich Muttermilch oder Pre-Milch bekommen, sind optimal vor Allergien

Tageszeit	Stufe 1 Ab dem 5. Monat	Stufe 2 Ab dem 6. Monat	Stufe 3 Ab dem 9. Monat	Stufe 4 Ab dem 11. Monat
Morgens	Milch	Milch	Milch	Zartes Müsli oder Vollkornbrot mit Butter Getränk: Wasser
Vormittags	Milch	Milch	Milch Optional: Obst-Getreide-Brei, Zwieback-Brei, Reiswaffel, Knäckebrot, frisches Obst Getränk: Wasser	Reiswaffel, Knäckebrot, frisches Obst Getränk: Wasser
Mittags	Milch + erste Löffelversuche, z. B. mit Gemüsepüree, alternativ Obstpüree oder Getreideflocken mit Wasser verrührt	Gemüse-Kartoffel-Fleisch/Fisch-Brei bzw. vegetarischer Gemüse-Kartoffel-Brei Getränk: Wasser	Gemüse-Kartoffel-Brei mit Fleisch/Fisch oder vegetarisch, Suppen oder sämiges Risotto mit ersten Stückchen Getränk: Wasser	Erstes einfaches, mit der Gabel zerdrücktes kleinkindgerechtes Mittagessen, angenähert an das übliche Familienessen Getränk: Wasser
Nachmittag	Milch	Milch Optional: Obst-Getreide-Brei Getränk: Wasser	Obst-Getreide-Brei, Zwieback-Brei Getränk: Wasser	Frisches Obst, Zwieback, Reiswaffel, Knäckebrot, Trockenobst Getränk: Wasser
Abends	Milch	Milch Optional: Getreide-Milch-Brei Getränk: Wasser	Getreide-Milch-Brei Getränk: Wasser	Vollkornbrot mit Butter, Frischkäse, Scheibenkäse oder Schinken, etwas Rohkost Getränk: Wasser

Wichtig: Die Altersangaben entsprechen dem frühestmöglichen Zeitpunkt zum Einführen der unterschiedlichen Breie und Speisen, angelehnt an die Empfehlungen des Deutschen Forschungsinstituts für Kinderernährung (www.fke-do.de).

geschützt. Beides liefert alle Nährstoffe in bestmöglicher Zusammensetzung. Zu frühes Zufüttern strapaziert unnötig Babys Magen-Darm-Trakt und fördert die Neigung zu Allergien.

Ab dem Beikoststart im 5. Monat gilt: Allergiegefährdete Babys brauchen keine spezielle Kost und bekommen dasselbe Essen wie Babys, die nicht zu Allergien neigen. Setzen Sie von Anfang an auf Vielfalt, denn das trainiert nicht nur das Immunsystem.

KLEINE HELFER FÜR DIE BABY-KÜCHE

Spar-
SCHÄLER _____

Gemüsemesser &
BRETT _____

Dampfgar-
EINSATZ

Pürier-
STAB _____

Kartoffel-
STAMPFER _____

Mess-
BECHER

Eiswürfel-
FORM _____

Kleine Breischüssel
MIT DECKEL _____

Lätzchen

Sparschäler

Kartoffeln und Gemüse am besten mit einem Sparschäler schälen, denn die meisten Vitamine und Mineralstoffe sitzen direkt unter der Schale. Später können Sie bei Äpfeln, Birnen, Möhren usw. auch ganz auf das Schälen verzichten.

Gemüsemesser & Brett

Wahrscheinlich besitzen Sie bereits ein Gemüsemesser und ein Brettchen. Falls nicht, gönnen Sie sich ruhig gute neue. Wichtig: Aus hygienischen Gründen sollten Sie Fleisch immer auf einem extra Brett schneiden.

Dampfgareinsatz

Obst, Gemüse, Fisch und Fleisch lassen sich damit besonders aromatisch und nährstoffschonend zubereiten. Ein stufenlos verstellbarer Multi-Einsatz aus Edelstahl passt in jeden Topf. Wenn Sie keinen Dampfgareinsatz haben, bedecken Sie Gemüse & Co. beim Kochen nur knapp mit Wasser.

Pürierstab

Ein leistungsstarker Mixstab zaubert im Handumdrehen einen fein pürierten Babybrei. Auch klein gewürfeltes Fleisch ist für ihn kein Problem. Am besten püriert es sich in einem hohen Plastikgefäß – so sind Sie auch vor heißen Spritzern geschützt.

Kartoffelstampfer

Sobald Ihr Baby es mag – etwa zwischen dem 8. und 10. Lebensmonat – können Sie stückigere Babykost zubereiten. Kartoffeln, Gemüse, Fischfilet und Nudeln lassen sich prima mit einem Kartoffelstampfer zermusen. Kleine Mengen können Sie auch gut mit einer Gabel zerdrücken.

Messbecher

Natürlich ist es für die Nährstoffversorgung Ihres Babys optimal, wenn Sie sich ungefähr an die Mengenangaben der Rezepte halten. Aber Sie müssen nicht unbedingt jede Zutat aufs Gramm genau abwiegen. Zum Abmessen von Flüssigkeiten, z.B. für den Brei, genügt ein Messbecher.

Eiswürfelform

Kleine Breimengen lassen sich gut in Eiswürfelbehältern einfrieren. Bei Bedarf einfach ein bis zwei Würfel herausnehmen und im Kühlschrank auftauen lassen bzw. im Topf erwärmen.

Kleine Breischüsseln mit Deckel

Verschließbare Mini-Gefrierdosen sind ideal zum Einfrieren und Aufbewahren von einzelnen Brei-Portionen. Praktisch: Nach dem Erwärmen können Sie Ihr Baby auch gleich daraus füttern. Achten Sie darauf, dass der Kunststoff frei von Weichmachern (BPA-frei) ist.

Lätzchen

Kunststofflätzchen lassen sich einfach abwischen oder unter Wasser abspülen. Viele Babys mögen allerdings ein weiches Stofflätzchen lieber.

Der Kontakt zu unterschiedlichen Lebensmitteln fördert auch Babys Geschmacksgedächtnis. Die Dinge, die es jetzt häufig isst, bleiben oft auch später beliebt.

Experten raten nicht mehr dazu, auf bestimmte typische Allergieauslöser wie Weizen, Eier, Kuhmilch, Nüsse und Fisch zu verzichten, um das Immunsystem zu »schonen«. Der Verzicht hat nicht zu weniger Allergien geführt. Im Gegenteil: Essen Babys mit einer genetischen Veranlagung für Zöliakie zwischen dem 5. und 7. Lebensmonat glutenhaltiges Getreide wie Weizen, scheint das davor zu schützen, dass das Kind später eine Zöliakie entwickelt – wie bei einer Impfung. Babys Immunsystem wird gefordert und lernt mit Fremdstoffen umzugehen. Dafür reichen schon kleinste Mengen.

Allergieschutz ganz konkret

Im Alltag sieht das so aus: ein bisschen Rührei, etwas Fisch oder Grießbrei mit Kuhmilch – alles kein Problem! Füttern Sie zwischen dem 5. und 7. Lebensmonat ab und zu etwas glutenhaltigen Weizen- oder Dinkelbrei oder lassen Sie Ihr Baby an einem Stück Brot lutschen. Gerade in diesem Zeitfenster scheint die Darmschleimhaut an unterschiedlichen Nahrungsmittelbestandteilen zu reifen. Der Darm wiederum hat einen großen Einfluss auf unser Immunsystem. Stillen Sie parallel zum Beikost-Beginn weiter, denn Muttermilch wirkt zusätzlich schützend.

Was ist mit Kuhmilch?

Die Angst vor Kuhmilch ist unbegründet. Die meisten Babys vertragen sie gut. Und sie versorgt Babys mit wertvollem Kalzium. Trotzdem sollten es im 1. Lebensjahr nicht viel mehr als 200 ml am Tag sein. Diese Menge steckt bereits im Vollmilch-Getreide-Brei. Deutlich mehr wäre eine zu große Eiweißbelastung.

Ihr Baby isst lieber Brotwürfel anstatt Milchbrei? Dann darf es zum Brot gerne auch mal eine Tasse Milch trinken.

Salz, Curry und Kräuter – wie viel ist erlaubt?

Je jünger Ihr Baby ist, desto weniger Salz sollte es essen, denn Babys Nieren entwickeln erst im Laufe des 1. Lebensjahres ihre volle Funktion. Aber: Es ist auch kein Drama, wenn es mal ein Stückchen Salzkartoffel erwischt. Gegen Ende des 1. Lebensjahres dürfen Sie das Essen auch gerne mit ein paar frischen Kräutern oder nicht zu intensiven Gewürzen wie mildem Curry oder Paprikapulver verfeinern.

ALLES ESSEN? FAST ALLES!

Allergien hin oder her, einige Lebensmittel sind für Babys nicht geeignet. Tabu sind rohes Fleisch und Fisch sowie Rohmilch oder weiche Rohmilchkäse wie Camembert. Milde Käse aus pasteurisierter Milch sind dagegen erlaubt. Gegen Ende des 1. Lebensjahres darf Ihr Baby auch würzigere Hartkäse wie Parmesan essen. Weil er gefährliche Keime enthalten kann, ist nicht erwärmter Honig im 1. Lebensjahr ebenfalls tabu, erhitzt in Gebäck ist er aber kein Problem.

GEMÜSESTICKS STATT BREI

Lange grüne Bohnen statt Gemüsebrei – die meisten Babys sind davon begeistert und lutschen und kauen sofort drauf los. »Baby Led Weaning« nennt sich diese Ernährungsmethode, bei der Babys von Anfang an am Familientisch mitessen. Sie bekommen dasselbe, was die Großen essen, sofern es weich gekocht und babygerecht ist. Der entscheidende Unterschied: Ihr Baby darf selbst auswählen und entscheiden, was es essen möchte.

Gerade wenn Babys keinen Brei mögen und nicht gefüttert werden wollen, setzen immer mehr Eltern auf eine breifreie Ernährung mit viel Fingerfood. Aber auch Brei-Liebhaber profitieren davon. Bieten Sie Ihrem kleinen Brei-Fan auch immer wieder Fingerfood an, damit er seine Hand- und Mundmotorik weiter trainiert. Für den Einstieg optimal sind weich gedünstete oder im Ofen geschmorte Kartoffel- oder Kürbissticks sowie Brokkoliröschen. Auch weiches Obst eignet sich prima, z. B. reife Bananen oder Mangospalten.

Selber essen – so funktioniert es:

Beginnen Sie mit dem Fingerfood, wenn Ihr Baby Interesse am Essen zeigt, frühestens mit einem halben Jahr. Sie werden es im Gefühl haben, wie weit Ihr Baby in seiner motorischen Entwicklung ist und ob es schon für Fingerfood bereit ist.

- Der Beikost-Start verläuft am Entspanntesten, wenn Sie Fingerfood anfangs nur dann anbieten, wenn Ihr Baby satt und experimentierfreudig ist. Hat es sich ans Greifen, Kauen und Schlucken gewöhnt, werden die Milchmahlzeiten mit der Zeit von alleine weniger.
- Wichtig, damit sich Ihr Baby nicht verschluckt: Aufrechtes Sitzen auf dem Schoß oder im Hochstuhl.
- Lassen Sie Ihr Baby von Anfang an beim Familienessen mitessen. Anfangs sollten Gemüse, Nudeln usw. so weich gegart sein, dass Ihr Baby sie im Mund zerdrücken kann. Wie bei der Breizubereitung auch sollten Sie dem Gemüse etwas Rapsöl beimengen.
- Kohlenhydratreiches wie Brot, Nudeln und Reis mögen viele Babys zwar gern, aber sie sollten eine Beilage bleiben. Bieten Sie dazu immer auch Gemüse an.
- Weiches Obst wie Mango, Melone, Birne oder auch Avocado eignet sich gut als Fingerfood. Die meisten Babys mögen auch durchgegartes Omelett, Pfannkuchen oder geraspelten milden Gouda.
- Solange Babys keine Zähne haben, lutschen sie an Fleisch nur herum. Servieren Sie dann besser sanft angebratenes

Hackfleisch. Mit grätenfreiem Fischfilet kommt Ihr Baby dagegen auch zahnlos zurecht.

- Natürlich dürfen die Speisen nicht überwürzt, gezuckert oder sehr salzig sein.
- Bieten Sie Ihrem Baby eine Auswahl an gesunden Lebensmitteln an, aber stecken Sie ihm nichts in den Mund.
- Zerteilen Sie alle Lebensmittel in handliche Portionen, z. B. in längliche Obst- und Gemüsesticks. Kleine Stückchen kann Ihr Baby erst greifen, wenn es mit etwa 9 Monaten den Pinzettengriff beherrscht.

Bleiben Sie entspannt

Der große Vorteil von Fingerfood ist, dass Ihr Baby das Essen in seinem eigenen Tempo erlernt. In der Regel brauchen Baby-Led-Weaning-Babys jedoch länger Milchmahlzeiten, weil sie insgesamt weniger feste Kost zu sich nehmen.

Und was ist nun besser: Baby Led Weaning oder Brei? Beides ist gesund und gut.

DAMIT SICH IHR BABY NICHT VERSCHLUCKT

Erbsen, Mais und Blaubeeren bergen immer die Gefahr des Verschluckens. Geben Sie sie Ihrem Baby erst, wenn es mit dem Kauen vertraut ist. Bis dahin: Beeren und gegarte Bohnen halbieren oder mit dem Kartoffelstampfer etwas zerdrücken. Nüsse oder hartes, klein geschnittenes Essen wie rohe Möhrenstückchen sollten dagegen nie in Babys Reichweite sein.

Ihr Baby entscheidet. Und ganz wichtig: Es muss kein strenges Entweder-oder sein. Ideal ist, wenn Sie Brei und Fingerfood miteinander kombinieren.

VEGETARISCH FÜR BABYS

Fleischlos essen und trotzdem mit allem versorgt? Das geht auch bei Babys. Der Nährstoff-Mix gelingt ganz leicht, wenn Sie wissen, was jetzt besonders häufig auf dem Speiseplan stehen sollte.

Rund 8 mg Eisen braucht Ihr Baby am Tag. Solange Ihr Baby noch viel gestillt wird oder Pre-Milch bekommt, wird sein Bedarf an dem Spurenelement darüber gedeckt. Je weniger Milch es bekommt, desto mehr müssen Sie darauf achten, was Ihr Baby isst, damit es ausreichend Eisen aufnimmt. Wenn Sie Ihr Baby ohne Fleisch ernähren möchten, sollten Sie auf diese wertvollen pflanzlichen Lebensmittel setzen:

Hafer- und Hirseflocken sind besonders wertvoll für Veggie-Babys, denn sie ersetzen das Fleisch im Brei. Und das hat zwei Gründe: Zum einen sind sie sehr reich an Eisen, zum anderen essen Babys die Flocken in der Regel gern und in ausreichenden Mengen. Im Gemüse-Kartoffel-Brei können Sie das Fleisch durch 10–15 g Hafer- oder Hirseflocken ersetzen. 100 g Haferflocken liefern rund 4,5 g Eisen, 100 g Hirseflocken 9 g Eisen. Wichtig: Milch hemmt die Aufnahme von Eisen. Der eisenreiche Mittagsbrei sollte daher milchfrei sein. Gemüsebrei isst Ihr Baby nicht gern? Auch der milchfreie Getreide-Obst-Brei liefert Eisen.

Vitamin-C-reicher Obstsaft: Damit das Eisen vom Körper besser aufgenommen werden kann, geben Sie dem Brei grundsätzlich etwas Obstsaft hinzu. Das ist vor allem bei vegetarischem Brei wichtig, da das Eisen aus pflanzlichen Lebensmitteln schlechter verwertet wird. Pro Breiportion sollten es ein bis zwei Esslöffel Obstsaft sein, z. B. Orangensaft, der natürlicherweise reich an Vitamin C ist. Aber auch säurearmer Möhrensaft oder Apfelsaft eignen sich, sofern in 100 ml Saft mindestens 40 mg Vitamin C stecken.

Linsen: Sie werden überrascht sein, wie gerne viele Babys Linsen mögen. Rote Linsen sind reich an Eisen (3,3 mg/100 g) und für Ess-Anfänger besonders geeignet. Durch das Kochen werden sie schön breiig und auch zahnlose Babys kommen gut mit ihnen zurecht. Sie sind geschält und daher leichter verdaulich als andere Hülsenfrüchte. Neben Eisen stecken in Linsen auch gesunde Ballaststoffe und viel Zink, das bei vegetarischer Ernährung ebenfalls knapp sein kann. Zink ist wichtig für das Immunsystem und die Blutbildung.

Milchprodukte: Fleisch ist nicht nur eine gute Eisenquelle, sondern liefert auch wichtiges Vitamin B_{12}. Es kommt nur in tierischen Lebensmitteln vor, deshalb sind Milchprodukte als alternative B_{12}-Quelle gerade für Veggie-Babys unerlässlich. Und: Das Kalzium aus Milch und Joghurt fördert starke Knochen und Zähne.

Eisenreiches Gemüse: Auch manche Gemüsesorten tragen zur Eisenversorgung

bei. Topinambur (3,7 mg/100 g), Fenchel (2,7 mg/100 g), Spinat (2,1 mg/100 g), Erbsen (1,8 mg/ 100 g) und Zucchini (1,5 mg/ 100 g) sind besonders eisenreich.

Nussmus: Von Mandelmus und Sesammus (Tahin) essen Babys keine großen Mengen, aber sie können die Eisenversorgung Ihres Babys wunderbar ergänzen. Rühren Sie doch mal einen Löffel Nussmus unter den Gemüse- oder Getreidebrei. 100 g Mandelmus liefern 4 mg Eisen, 100 g Sesammus sogar 9 mg Eisen.

Quinoa & Amaranth: zählen zu den eisenreichsten Lebensmitteln überhaupt. Doch die Deutsche Gesellschaft für Ernährung empfiehlt sie wegen ihres Gerbstoff- und Saponingehalts erst ab dem 2. Lebensjahr. Manche Experten sehen das weniger kritisch. Wenn Sie sie für Ihr Baby zubereiten wollen, sollten Sie sie auf jeden Fall in ein Sieb geben und vor dem Kochen gründlich unter fließendem Wasser abwaschen.

für
DICH!

Die REZEPTE

MÖHRCHEN-BREI

2
MÖHREN
—————————
2 TL
RAPSÖL

5.–6. MONAT
2 PORTIONEN
STARTER-BREI
MILD

30 MIN.

Möhren schälen und in kleine Stücke schneiden. • In einem Topf in Wasser 15–20 Min. weich kochen. • Möhren abgießen, Garwasser auffangen. • Möhren mit ca. 2 EL Garwasser und Rapsöl fein pürieren. • Lassen Sie den Brei anfangs eher dünnflüssig, dann kann ihn Ihr Baby besser schlucken.

... lecker!

5. – 6. Monat

OFEN-KÜRBISPÜREE

1 kleiner
HOKKAIDO-KÜRBIS ——————— **RAPSÖL**
4 TL

5.–6. MONAT
4 PORTIONEN
STARTER-BREI
GUT VERDAULICH

35 MIN.

Ofen auf 180 Grad vorheizen. • Kürbis waschen, halbieren, mit einem Löffel entkernen und in Spalten schneiden. • Kürbisspalten im Ofen in ca. 25 Min. weich garen. • Kürbis mit Rapsöl zu einem lockeren Brei pürieren. • Evtl. etwas Wasser zufügen.

5. – 6. Monat

PASTINAKEN-KARTOFFEL-BREI

2 mittelgroße
PASTINAKEN

1 mittelgroße
KARTOFFEL

2 TL
RAPSÖL

5.–6. MONAT
2 PORTIONEN
SÄTTIGEND
GUT VERDAULICH

30 MIN.

Pastinaken und Kartoffel schälen und in Stücke schneiden. • In einem Topf in Wasser in 20 Min. weich kochen. • Abgießen und das Garwasser auffangen. • Gemüse mit ca. 2 EL Garwasser und Rapsöl zu einem lockeren Brei pürieren.

ein LÖFFELCHEN

für:

5. – 6. Monat

BROKKOLI-KARTOFFEL-BREI

1 mittelgroße
KARTOFFEL

1 Handvoll
BROKKOLI-RÖSCHEN
(200 G)

2 TL
RAPSÖL

5.–6. MONAT
2 PORTIONEN
VITAMINREICH
SÄTTIGEND

30 MIN.

Kartoffel schälen und in Stücke schneiden. • In einem Topf in Wasser 10 Min. kochen. • Brokkoli zufügen und zusammen weitere 10 Min. kochen. • Gemüse abgießen, Garwasser auffangen. • Gemüse mit ca. 2 EL Garwasser und Rapsöl zu einem lockeren Brei pürieren.

FENCHEL-SÜSSKARTOFFEL-BREI

1 mittelgroße
SÜßKARTOFFEL _____ *1*
FENCHELKNOLLE _____ *2 TL*
RAPSÖL

5.–6. MONAT
2 PORTIONEN
BERUHIGT DEN
MAGEN

30 MIN.

Süßkartoffel schälen und in Stücke schneiden. • Fenchel halbieren und den harten Strunk herausschneiden. • Beides in Stücke schneiden. • In reichlich Wasser in 20 Min. weich dünsten. • Gemüse abgießen, Garwasser auffangen. • Gemüse mit ca. 2 EL Garwasser und Rapsöl zu einem lockeren Brei pürieren.

5. – 6. Monat

SCHNELL GEMIXT!

MILDES BIRNENPÜREE

2
————————— BIRNEN —————————

5.–6. MONAT
2 PORTIONEN
MILD
SÄUREARM

30 MIN.

Birnen schälen, entkernen und in Stücke schneiden. • In einem Topf in wenig Wasser in 15 Min. weich dünsten. • Birnen abgießen, das Garwasser auffangen. • Birnen mit ca. 2 EL Garwasser fein pürieren.

HIRSE-APFEL-BREI

2 El
HIRSEFLOCKEN

100 g ungesüßtes
APFELMUS

1 Tl
RAPSÖL

5.–6. MONAT
1 PORTION
ZWISCHENMAHLZEIT
OHNE MILCH

5 MIN.

90 ml Wasser mit Hirseflocken in einen Topf geben und aufkochen. • Unter Rühren 1 Min. köcheln lassen. • Topf von der Herdplatte nehmen. • Apfelmus und Rapsöl einrühren.

5. – 6. Monat

DINKEL-BANANEN-BREI

2 El
DINKELFLOCKEN —————— **BANANE** —————— 1 Tl
RAPSÖL

<table>
<tr><td>5.–6. MONAT
1 PORTION
ZWISCHENMAHLZEIT
OHNE MILCH

5 MIN.</td><td>90 ml Wasser mit Dinkelflocken in einen Topf geben und aufkochen. • Unter Rühren 1 Min. köcheln lassen. • Topf von der Herdplatte nehmen. • Alles mit Banane und Rapsöl zu einem feinen Brei pürieren.</td></tr>
</table>

mmhhhh!

5. – 6. Monat

& DINKEL

KÜRBIS-KARTOFFEL-BREI MIT RIND

200 g
HOKKAIDO-KÜRBIS _____

1 mittelgroße
KARTOFFEL _____

60 g mageres
RINDFLEISCH

4 El
ORANGENSAFT _____

2 El
RAPSÖL

6.–9. MONAT
2 PORTIONEN
EISENREICH
ZINKREICH

30 MIN.

Kürbis waschen, Kartoffel schälen. Beides in Stücke schneiden. • Rindfleisch klein würfeln. • Gemüse und Fleisch mit etwas Wasser in einen Topf geben und 20 Min. kochen. • Abgießen und alles mit ca. 2 EL Garwasser, Obstsaft und Rapsöl fein pürieren.

ZUCCHINI-KARTOFFEL-BREI MIT PUTE

1 mittelgroße
KARTOFFEL _____

60 g
PUTENBRUST _____

1 mittelgroße
ZUCCHINI

4 El
ORANGENSAFT _____

2 El
RAPSÖL

6.–9. MONAT
2 PORTIONEN
EISENREICH
MILD

30 MIN.

Kartoffel schälen und in Stücke schneiden. • Putenbrust klein würfeln. • Kartoffel und Pute mit etwas Wasser in einen Topf geben und 10 Min. kochen. • Zucchini klein schneiden und zufügen. • Alles weitere 10 Min. kochen. • Abgießen und alles mit ca. 2 EL Garwasser, Saft und Rapsöl fein pürieren.

GRÜN
GRÜN
GRÜN...

6. – 9. Monat

PASTINAKEN-KARTOFFEL-BREI MIT KALBFLEISCH

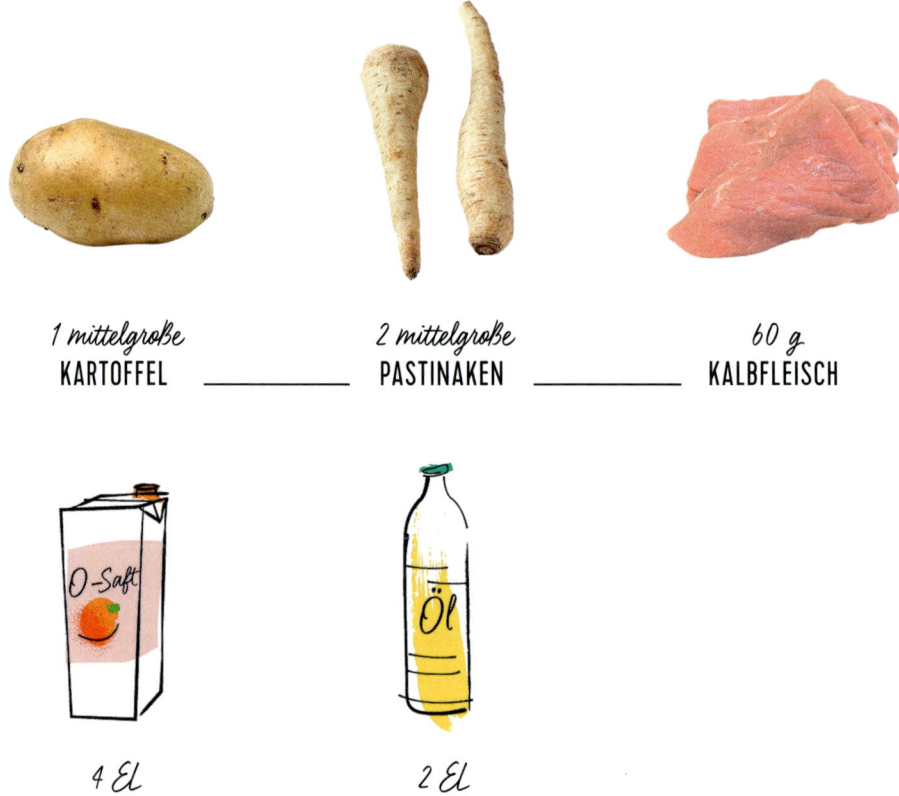

1 mittelgroße
KARTOFFEL

2 mittelgroße
PASTINAKEN

60 g
KALBFLEISCH

4 El
ORANGENSAFT

2 El
RAPSÖL

**6.–9. MONAT
2 PORTIONEN
EISENREICH
ZINKREICH**

30 MIN.

Kartoffel und Pastinaken schälen und in kleine Stücke schneiden. • Kalbfleisch klein würfeln. • Zusammen mit etwas Wasser in einen Topf geben und 20 Min. kochen. • Abgießen und alles mit ca. 2 EL Garwasser, Saft und Rapsöl zu einem lockeren Brei pürieren.

Kartoffel
+ PASTINAKE
+ Kalbfleisch

6. – 9. Monat

KARTOFFEL-MÖHREN-BREI MIT LACHS

2 mittelgroße
MÖHREN

1 mittelgroße
KARTOFFEL

60 g grätenfreies
LACHSFILET

2 El
RAPSÖL

6.–9. MONAT 2 PORTIONEN VITAMIN-D-REICH 30 MIN.	Möhren und Kartoffel schälen und in Stücke schneiden. • Gemüse mit etwas Wasser in einem Topf 10 Min. kochen. • Lachs auf Gräten untersuchen und mit in den Topf geben. • Gemüse und Lachs weitere 10 Min. kochen. • Abgießen und alles mit ca. 2 EL Garwasser und Rapsöl zu einem lockeren Brei pürieren.

6. – 9. Monat

KOHLRABI-KARTOFFEL-BREI MIT FISCH

1
KOHLRABI _____

1
KARTOFFEL _____

60 g grätenfreies
SEELACHSFILET

2 El
RAPSÖL

6.–9. MONAT 2 PORTIONEN VITAMIN-D-REICH 30 MIN.	Kohlrabi und Kartoffel schälen und in Stücke schneiden. • Gemüse mit etwas Wasser in einem Topf 10 Min. kochen. • Seelachs auf Gräten untersuchen und mit in den Topf geben. • Gemüse und Fisch weitere 10 Min. garen. • Abgießen und alles mit ca. 2 EL Garwasser und Rapsöl zu einem lockeren Brei pürieren.

6. – 9. Monat

MANGO-REIS-BREI MIT HÜHNCHEN

5 El
VOLLKORNREIS ——————

1
FENCHELKNOLLE ——————

60 g
HÄHNCHENBRUST

½
MANGO ——————

2 El
RAPSÖL

6.–9. MONAT
2 PORTIONEN
FÜR GEMÜSE-
MUFFEL

30 MIN.

Reis nach Packungsangabe weich kochen. • Fenchel waschen, harten Strunk herausschneiden. Fenchel in Stücke schneiden. • Hähnchenbrust klein würfeln. • Fenchel und Fleisch mit etwas Wasser in 10 Min. weich kochen. • Abgießen und mit ca. 2 EL Garwasser, Reis, Mango und Rapsöl zu einem lockeren Brei pürieren.

STECKRÜBEN-REIS-BREI MIT HACK

5 El
VOLLKORNREIS

1 mittelgroße
STECKRÜBE
(CA. 200 G)

60 g mageres
RINDERHACK
(TATAR)

4 El
ORANGENSAFT

2 El
RAPSÖL

6.–9. MONAT
2 PORTIONEN
EISENREICH
ZINKREICH

30 MIN.

Reis nach Packungsangabe weich kochen. • Steckrübe schälen und in Stücke schneiden. • Steckrübe mit etwas Wasser in einem Topf 15 Min. kochen. • Rinderhack zufügen und alles weitere 5 Min. kochen. • Abgießen und alles mit ca. 2 EL Garwasser, Reis, Saft und Rapsöl zu einem lockeren Brei pürieren.

und EINS für ....?

6. – 9. Monat

NUDELN MIT ERBSEN UND PUTE

60 g
PUTENBRUST _____

50 g
DINKELVOLLKORN-
NUDELN _____

6 El
TK-ERBSEN

4 El
ORANGENSAFT _____

2 El
RAPSÖL

6.–9. MONAT	Wasser in einen Topf geben und aufkochen. • Putenbrust wür-

6.–9. MONAT
2 PORTIONEN
LEICHT VERDAULICH

20 MIN.

Wasser in einen Topf geben und aufkochen. • Putenbrust würfeln. • Mit Nudeln und Erbsen in das kochende Wasser geben und in ca. 12 Min. weich kochen. • Abgießen und alles mit ca. 2 EL Garwasser, Saft und Rapsöl pürieren.

6. – 9. Monat

NUDELN MIT MAIS UND HÜHNCHEN

1 frischer
MAISKOLBEN ──────── **60 g**
HÄHNCHENBRUST ──────── **50 g**
DINKELVOLLKORN-
NUDELN

4 El
ORANGENSAFT ──────── **2 Tl**
RAPSÖL

6.–9. MONAT
2 PORTIONEN
SCHMECKT SÜSSLICH

25 MIN.

Wasser in einen Topf geben und aufkochen. • Mais schälen und die Körner vom Kolben herunterschneiden. • Hähnchenbrust würfeln. • Beides mit Nudeln in das kochende Wasser geben und in 12–15 Min. weich kochen. • Abgießen und alles mit ca. 2 EL Garwasser, Saft und Rapsöl pürieren.

UPPPS,
falsche Seite

6. – 9. Monat

BROKKOLI-KARTOFFEL-BREI MIT HIRSE

1 mittelgroße
KARTOFFEL

200 g
BROKKOLI-
RÖSCHEN

2 El
HIRSEFLOCKEN

4 El
ORANGENSAFT

2 El
RAPSÖL

6.–9. MONAT
2 PORTIONEN
VEGETARISCH

30 MIN.

Kartoffel schälen. • In einem Topf mit Wasser 10 Min. kochen. •
Brokkoli zufügen und alles weitere 10 Min. kochen. • Gemüse
abgießen und mit ca. 2 EL Garwasser, Hirseflocken, Saft und
Rapsöl pürieren.

*

6. – 9. Monat

*für UNTERWEGS!

FENCHEL-KARTOFFEL-BREI MIT HAFER

1 mittelgroße
KARTOFFEL —————

1
FENCHELKNOLLE —————

2 El
HAFERFLOCKEN

4 El
ORANGENSAFT —————

2 El
RAPSÖL

6.–9. MONAT
2 PORTIONEN
VEGETARISCH

30 MIN.

Kartoffel schälen. • Fenchel halbieren, harten Strunk heraus-schneiden. • Kartoffel und Fenchel in Stücke schneiden. • In einem Topf in etwas Wasser 20 Min. kochen. • Abgießen und alles mit ca. 2 EL Garwasser, Haferflocken, Saft und Rapsöl pürieren.

... bad **HAIR** day!

6. – 9. Monat

TOPINAMBUR-BREI MIT SESAMMUS

1 mittelgroße
KARTOFFEL

250 g
TOPINAMBUR

2 El
HAFERFLOCKEN

4 El
ORANGENSAFT

2 El
SESAMMUS

6.–9. MONAT	Kartoffel und Topinambur schälen und in Stücke schneiden. • In einem Topf in Wasser 15–20 Min. kochen. • Abgießen und alles mit ca. 2 EL Garwasser, Haferflocken, Saft und Sesammus pürieren.
2 PORTIONEN	
VEGETARISCH	
30 MIN.	

6. – 9. Monat

HAFER-MILCH-BREI MIT APFEL

2 El zarte
HAFERFLOCKEN _____

200 ml
VOLLMILCH _____

½ kleiner
APFEL

6.–9. MONAT
1 PORTION
SÄTTIGEND
FÜR ABENDS

10 MIN.

Haferflocken in der Milch aufkochen. • Unter Rühren 1 Min. auf niedrigster Stufe quellen lassen. • Apfel entkernen und mit Schale fein reiben. • Apfelraspel unter den Brei rühren.

6. – 9. Monat

HIRSE-MILCH-BREI MIT PFIRSICH

2 El
HIRSEFLOCKEN _____ VOLLMILCH _____ PFIRSICH

200 ml

½

6.–9. MONAT
1 PORTION
SÄTTIGEND
FÜR ABENDS

10 MIN.

Hirseflocken in der Milch aufkochen. • Unter Rühren 1 Min. auf niedrigster Stufe quellen lassen. • Pfirsich pürieren und unter den Brei rühren.

DINKEL-GRIESSBREI

200 ml
VOLLMILCH _____

2 El
DINKEL-
VOLLKORNGRIEß _____

2 El ungesüßtes
APFELMUS

6.–9. MONAT 1 PORTION SÄTTIGEND FÜR ABENDS 10 MIN.	Milch in einen Topf geben und aufkochen. • Grieß langsam ein-rühren und unter ständigem Rühren aufkochen. • Bei kleiner Hitze 5 Min. quellen lassen. • Apfelmus unter den Grieß rühren.

6. — 9. Monat

PAPRIKASUPPE MIT HÜTTENKÄSE

3 rote
PAPRIKASCHOTEN

4 El
RAPSÖL

600 ml
**GEMÜSEBRÜHE
ODER WASSER**

6 El
BULGUR

4 El
HÜTTENKÄSE

4 TL gehackte
PETERSILIE

9.–11. MONAT
4 PORTIONEN
FÜR ERSTE
KAU-VERSUCHE

30 MIN.

Paprika entkernen und in Stücke schneiden. • Öl in einem Topf erhitzen und Paprika darin 3 Min. andünsten. • Brühe zufügen und alles 10 Min. kochen. • Alles zu einer cremigen Suppe pürieren. • Bulgur einstreuen und 5 Min. weiterkochen. • Mit je 1 EL Hüttenkäse und Petersilie bestreut servieren.

SÜSSKARTOFFELSUPPE MIT HACK

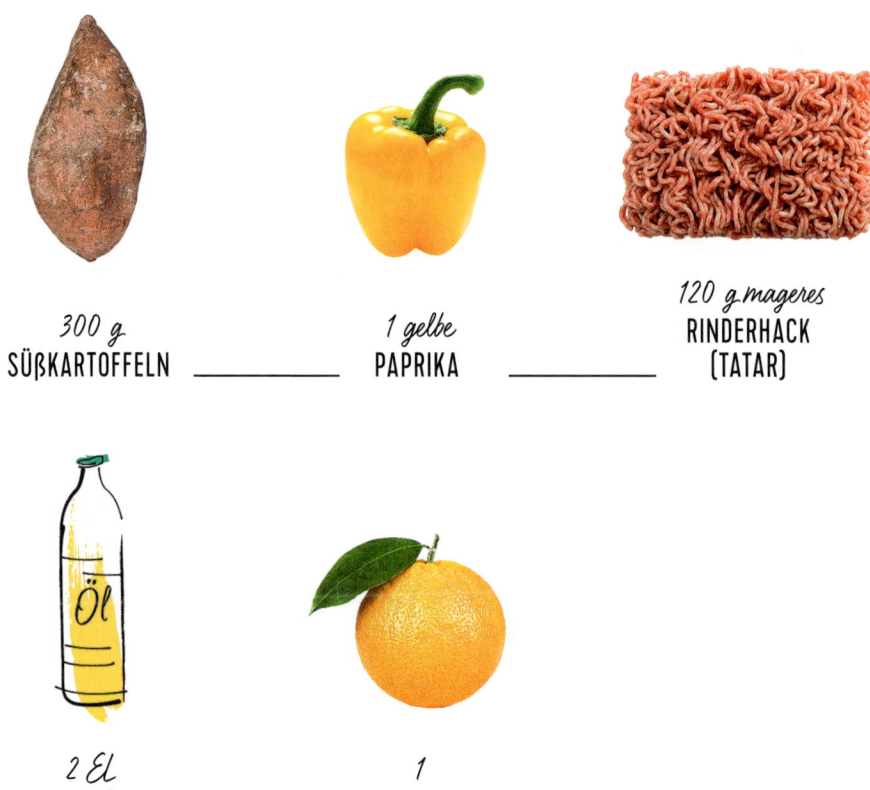

300 g
SÜßKARTOFFELN

1 gelbe
PAPRIKA

120 g mageres
RINDERHACK
(TATAR)

2 El
RAPSÖL

1
ORANGE

9.–11. MONAT
4 PORTIONEN
FÜR ERSTE
KAU-VERSUCHE

30 MIN.

Süßkartoffeln schälen, Paprika entkernen. Beides in Stücke schneiden. • Mit 350 ml Wasser in einem Topf mit geschlossenem Deckel 20 Min. köcheln lassen. • Hack im heißen Rapsöl rundherum braun braten. • Topf vom Herd nehmen und das Gemüse zu einer cremigen Suppe pürieren. • Orange auspressen, Saft unter die Suppe rühren. • Mit Hack bestreut servieren.

9. – 11. Monat

MAIS-KARTOFFEL-TOPF

3 mehligkochende
KARTOFFELN ———————

1 frischer
MAISKOLBEN ———————

1 El
HIRSEFLOCKEN

2 El
ORANGENSAFT ———————

2 El
RAPSÖL

9.–11. MONAT
2 PORTIONEN
EISENREICH

30 MIN.

Kartoffeln schälen und in Stücke schneiden. • Mais schälen, die Körner vom Kolben herunterschneiden. • Mit etwas Wasser in einem Topf 15–20 Min. kochen. • Gemüse abgießen. Hirseflocken, Saft und Rapsöl zufügen. • Mit dem Kartoffelstampfer so fein zerdrücken, wie es Ihr Baby mag.

... für MAMA!

9. – 11. Monat

ERBSEN-KARTOFFEL-STAMPF

3	6 El	4 El
KARTOFFELN	TK-ERBSEN	MILCH

1 El	2 El	2 El
HAFERFLOCKEN	ORANGENSAFT	RAPSÖL

9.–11. MONAT
2 PORTIONEN
FÜR ERSTE
KAU-VERSUCHE

30 MIN.

Kartoffeln schälen und in Stücke schneiden. • In einem Topf in Wasser 20 Min. kochen. • Erbsen 5 Min. vor Ende der Garzeit mit in den Topf geben. • Gemüse abgießen. Milch, Hirseflocken, Saft und Rapsöl zufügen. • Alles mit dem Kartoffelstampfer so fein zerdrücken, wie Ihr Baby es mag.

BROKKOLI-COUSCOUS-BREI MIT HACK

6 El
COUSCOUS

60 g
RINDFLEISCH

200 g
BROKKOLI-
RÖSCHEN

4 El
ORANGENSAFT

2 El
RAPSÖL

9.–11. MONAT
2 PORTIONEN
FÜR ERSTE
KAU-VERSUCHE

20 MIN.

Couscous nach Packungsangabe zubereiten. • Rindfleisch wür-feln. • Fleisch und Brokkoli-Röschen in einem Topf in etwas Wasser 10 Min. kochen. • Abgießen und pürieren. • Couscous, Saft und Rapsöl unter den Brokkoli-Rindfleisch-Brei rühren.

BREICHEN
TO GO!

TOMATEN-BULGUR MIT HACK

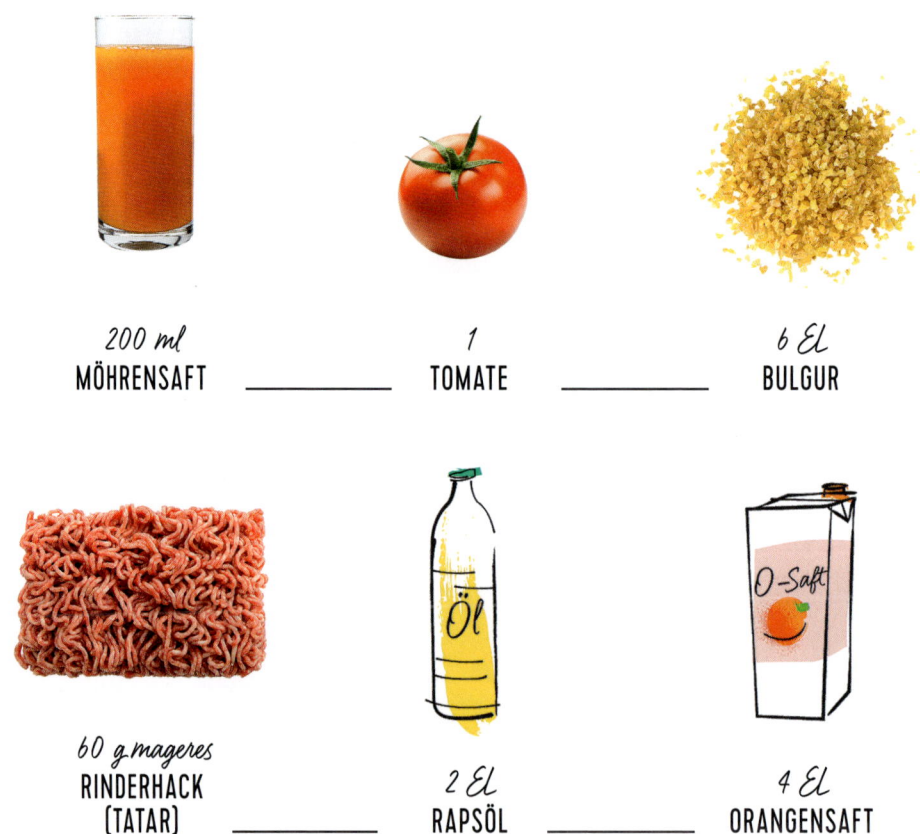

200 ml
MÖHRENSAFT

1
TOMATE

6 El
BULGUR

60 g mageres
**RINDERHACK
(TATAR)**

2 El
RAPSÖL

4 El
ORANGENSAFT

9.–11. MONAT
2 PORTIONEN
RUCK, ZUCK,
FERTIG!

20 MIN.

Möhrensaft und 200 ml Wasser in einem Topf aufkochen. • Tomate sehr klein würfeln. • Bulgur, Tomate, Hack und Rapsöl mit in den Topf geben und 5 Min. unter Rühren köcheln lassen. • Vom Herd nehmen, Saft zufügen und zugedeckt ca. 5 Min. quellen lassen, bis die Flüssigkeit aufgesogen ist.

GEMÜSENUDELN MIT FISCH

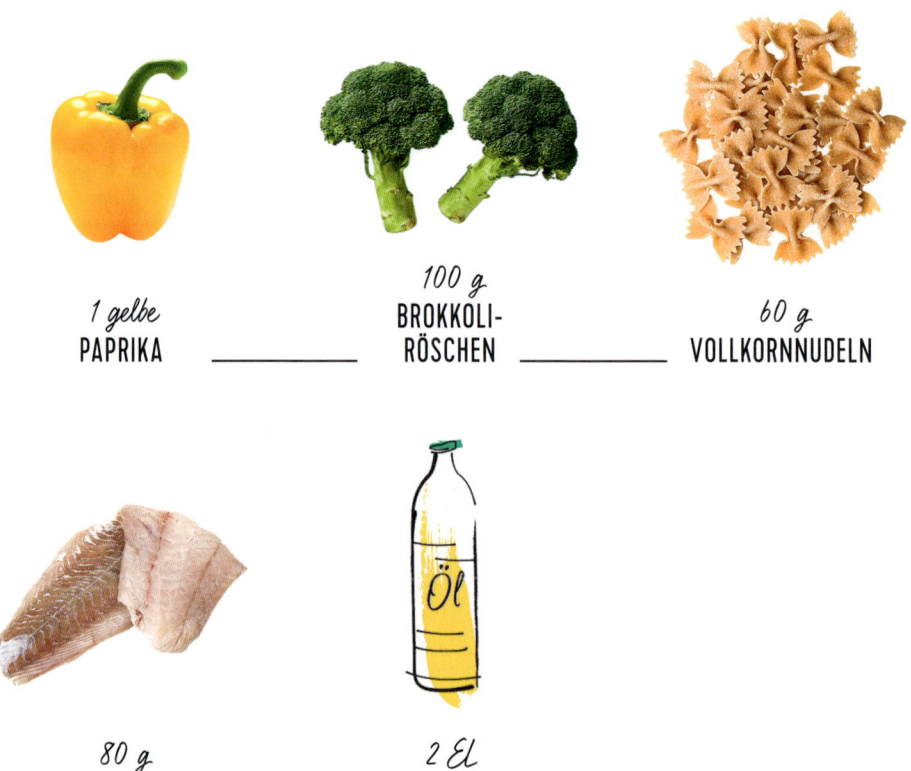

1 gelbe
PAPRIKA _____

100 g
**BROKKOLI-
RÖSCHEN** _____

60 g
VOLLKORNNUDELN

80 g
SEELACHSFILET _____

2 El
RAPSÖL

9.–11. MONAT **2 PORTIONEN** VITAMIN-D-REICH **25 MIN.**	Paprika entkernen und klein schneiden. • Wasser aufkochen. Paprika, Brokkoli und Nudeln zufügen und 12 Min. kochen. • Fisch würfeln. 5 Min. vor Ende der Garzeit zufügen und mitgaren. • Abgießen und mit Rapsöl und ca. 2 EL Garwasser pürieren oder mit dem Kartoffelstampfer zerdrücken.

KÜRBIS-LACHS-PASTA

200 g
HOKKAIDO-KÜRBIS ———— *60 g*
VOLLKORNNUDELN ———— *80 g grätenfreies*
LACHSFILET

2 EL
RAPSÖL

9.–11. MONAT 2 PORTIONEN VITAMIN-D-REICH 20 MIN.	Kürbis waschen und klein würfeln. • Wasser zum Kochen bringen. Nudeln und Kürbis hineingeben und 12 Min. kochen. • Lachs würfeln. • 5 Min. vor Ende der Garzeit zufügen und mitgaren. • Abgießen und mit Rapsöl und ca. 2 EL Garwasser pürieren oder mit dem Kartoffelstampfer zerdrücken.

9. – 11. Monat

RISOTTO MIT ERBSEN UND HUHN

| 60 g HÄHNCHENBRUST | 2 El RAPSÖL | 8 El RISOTTOREIS |

| 6 El TK-ERBSEN | 1 El geriebener GOUDA |

9.–11. MONAT
2–3 PORTIONEN
FÜR ERSTE
KAU-VERSUCHE

30 MIN.

Fleisch mundgerecht würfeln. • Rapsöl in einem Topf erhitzen. • Hähnchen und Reis zufügen und kurz andünsten. • Mit 320 ml Wasser ablöschen. • Erbsen zufügen und alles 15–20 Min. köcheln lassen. Immer wieder umrühren, bis die Flüssigkeit aufgesogen ist. Evtl. noch etwas Flüssigkeit nachgießen. • Gouda unterrühren.

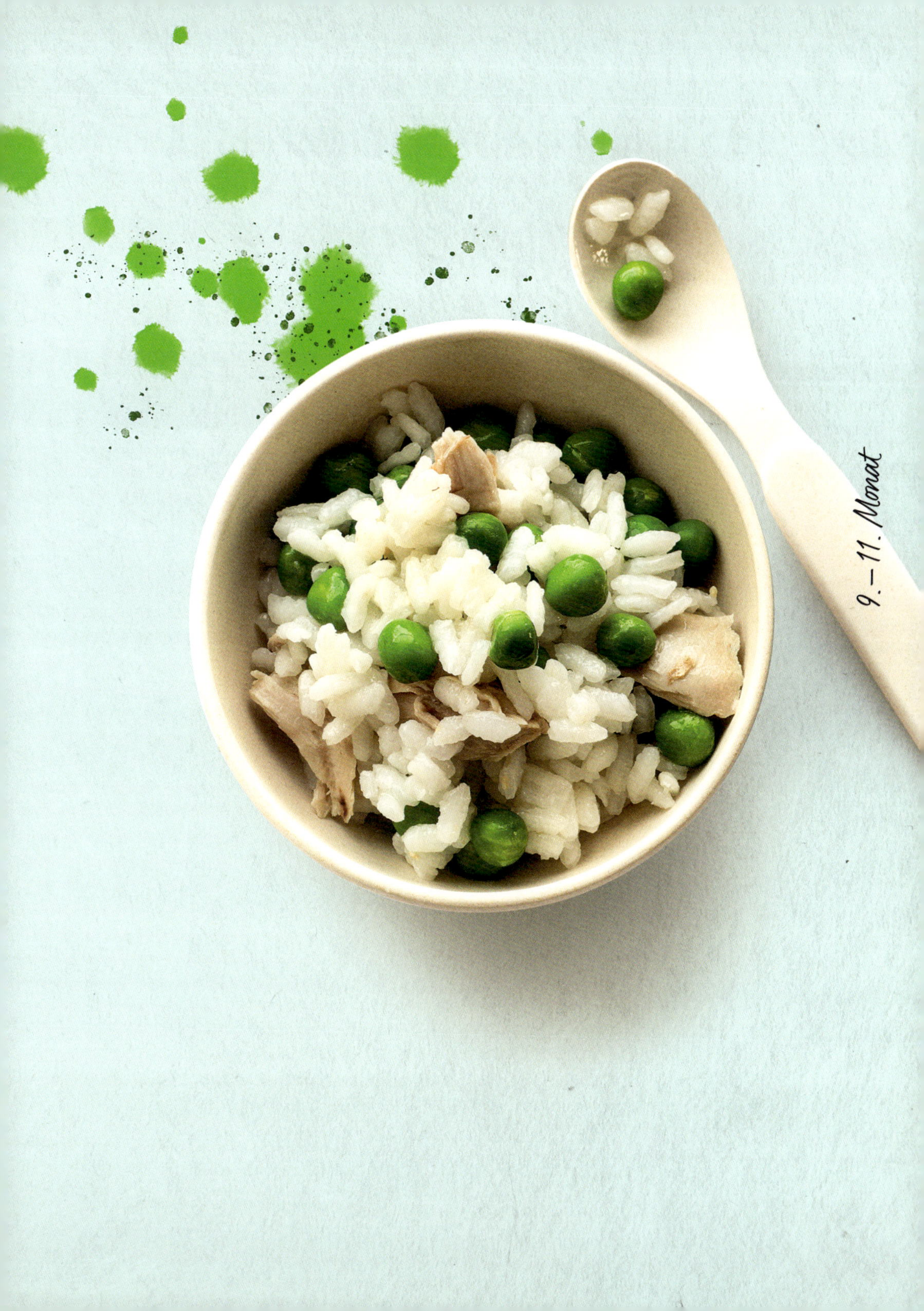
9.–11. Monat

PASTINAKEN-RISOTTO MIT HACK

1 mittelgroße
PASTINAKE —————— 8 *El*
RISOTTOREIS —————— 60 g
**RINDERHACKFLEISCH
(TATAR)**

2 *El*
RAPSÖL —————— 4 *El*
ORANGENSAFT

**9.–11. MONAT
2–3 PORTIONEN
EISENREICH**

30 MIN.

Pastinake mundgerecht würfeln. • Rapsöl in einem Topf erhitzen. • Reis und Hack darin 2 Min. andünsten. • 320 ml Wasser zufügen und alles 15–20 Min. unter Rühren köcheln lassen. Gegen Ende der Garzeit evtl. noch etwas Wasser nachgießen. • Obstsaft zufügen und servieren.

PENNE MIT SPINAT-PESTO

160 g
VOLLKORNNUDELN _____

150 g gehackter,
aufgetauter
TK-SPINAT _____

1 Handvoll
BASILIKUM

60 g ganze oder geriebene
MANDELN _____

100 ml
RAPSÖL _____

4 El geriebener
PARMESAN

9.–11. MONAT
4 PORTIONEN
FINGERFOOD
EISENREICH

15 MIN.

Nudeln nach Packungsangabe in kochendem Wasser weich garen. • Spinat gut ausdrücken. Mit Basilikumblättchen, Mandeln und Öl in einem hohen Gefäß fein pürieren. • Parmesan unterrühren. • Nudeln abgießen und mit Spinat-Pesto vermengen.

... es gibt

PASTA BABY!

9.–11. Monat

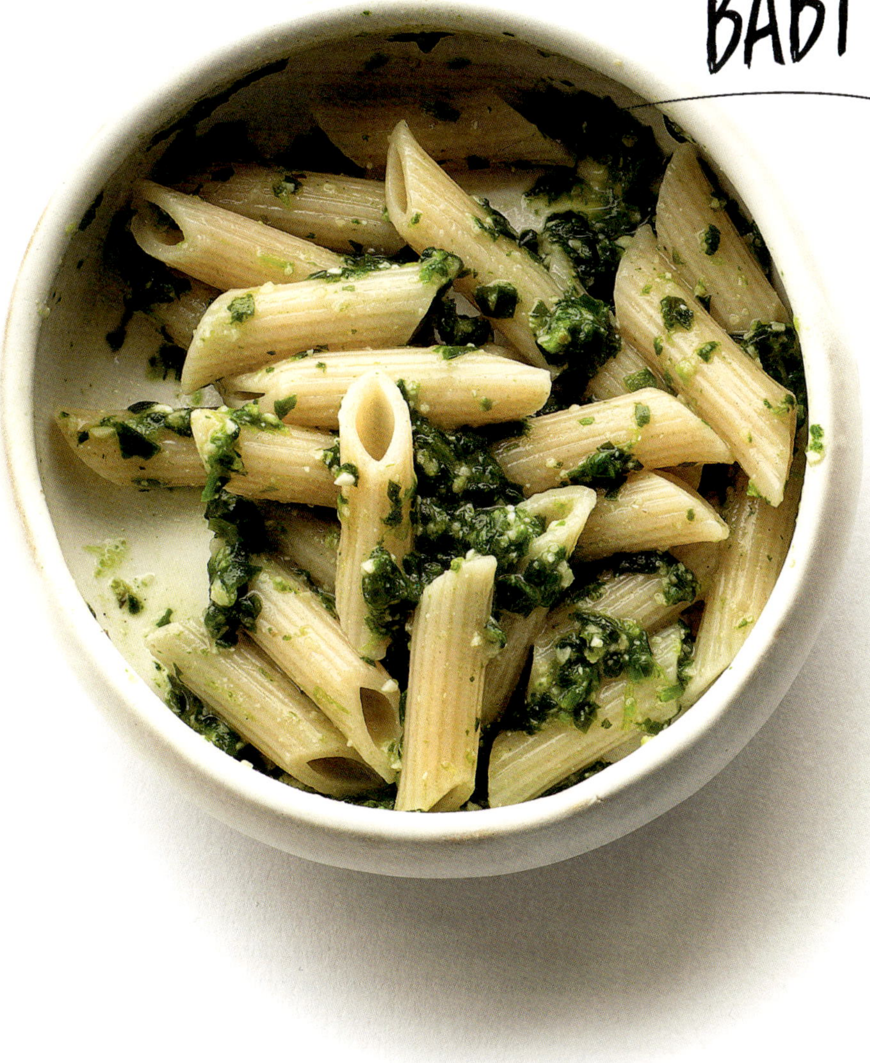

PASTA MIT MILDER TOMATENSOSSE

2 mittelgroße
MÖHREN _____

2 El
RAPSÖL _____

1 Dose passierte
TOMATEN
(CA. 400 G)

PASTA

160 g
BUCHSTABENNUDELN

**9.–11. MONAT
4 PORTIONEN
FÜR ERSTE
KAU-VERSUCHE**

25 MIN.

Möhren schälen und klein würfeln. • Mit Rapsöl in einen Topf geben und kurz andünsten. • Tomaten zufügen und alles 10 Min. köcheln lassen. • Buchstabennudeln nach Packungsanweisung zubereiten. • Soße pürieren und mit den Nudeln servieren.

MILCHREIS MIT HEIDELBEEREN

650 ml
VOLLMILCH ⎯⎯⎯⎯⎯⎯ 160 g
MILCHREIS ⎯⎯⎯⎯⎯⎯ 250 g frische
oder aufgetaute
HEIDELBEEREN

9.–11. MONAT
4 PORTIONEN
SÄTTIGEND

35 MIN.

Milch in einen Topf geben und aufkochen. • Milchreis zufügen und bei schwacher Hitze 30 Min. köcheln lassen. • Blaubeeren pürieren und mit dem Milchreis servieren.

... Heidelbeeren!

9. – 11. Monat

ZWIEBACK-MANGO-BREI

2 Scheiben
**VOLLKORN-
ZWIEBACK** _____

½
MANGO

9.–11. MONAT
1 PORTION
OHNE KOCHEN

5 MIN.

Zwieback in eine Schüssel legen und mit ca. 5 EL Wasser übergießen. • Kurz quellen lassen, bis er vollständig aufgeweicht ist. • Mit einem Löffel in kleine Stücke zerteilen. • Mango schälen, entkernen und pürieren. • Mangomus mit dem Zwieback vermengen.

ZWIEBÄCKCHEN

9. – 11. Monat

HIMBEER-COUSCOUS-BREI

2 El
INSTANT-COUSCOUS

150 g frische
oder aufgetaute
HIMBEEREN

1 Tl
RAPSÖL

9.–11. MONAT
1 PORTION
REGT DIE
VERDAUUNG AN

10 MIN.

50 ml Wasser erhitzen. • Couscous damit übergießen und 5 Min. quellen lassen. • Himbeeren pürieren oder grob zerdrücken. • Mit Rapsöl und Couscous vermengen.

ROSINEN-BRÖTCHEN

400 g
DINKEL-
VOLLKORNMEHL

1 Tüte
TROCKENHEFE

200 ml
VOLLMILCH

50 g
BUTTER

2 El
ROSINEN

9.–11. MONAT
10 STÜCK
ZUM KNABBERN

75 MIN.

Mehl, Hefe und 1 Prise Salz vermengen. • Milch und Butter sanft erwärmen, bis die Butter geschmolzen ist. • Zum Mehl geben. • Rosinen zufügen. • Alles verkneten und 45 Min. gehen lassen. • Ofen auf 180 Grad vorheizen. • Aus dem Teig 10 Brötchen formen. • Auf ein Blech mit Backpapier geben und ca. 20 Min. backen.

9. — 11. Monat

POLENTA-HERZEN

1 TL
BUTTER

140 g
POLENTA

3 El geriebener
PARMESAN

RAPSÖL ZUM BRATEN

9.–11. MONAT
15 STÜCK
GANZ EINFACH
FINGERFOOD

30 MIN.

½ l Wasser in einem Topf aufkochen. • Butter und Polenta zufügen. Unter Rühren 2 Min. köcheln lassen. • Parmesan unterrühren. • Auf Backpapier ca. 1–2 cm dick zu einem Rechteck ver-
streichen. • 15 Min. abkühlen und fest werden lassen. • Herzen
ausstechen (oder die Masse in Dreiecke schneiden). • In einer
Pfanne im heißen Rapsöl kurz von beiden Seiten anbraten.

Hauptzutat:

LIEBE!

9. – 11. Monat

ERDBEER-HAFER-TRINKFRÜHSTÜCK

75 g frische oder aufgetaute
ERDBEEREN

—————

125 ml
VOLLMILCH

—————

2 El
HAFERFLOCKEN

NACH DEM 11. MONAT
1 PORTION
FÜR KAU-MUFFEL

5 MIN.

Erdbeeren mit Milch und Haferflocken in ein hohes Gefäß geben. • Pürieren und servieren.

SHAKE it Baby!

Nach dem 11. Monat

KÜRBIS-BANANEN-MILCH

1 **BANANE**	*3 El* **KÜRBISPÜREE**	*125 ml* **VOLLMILCH**

1 El
HIRSEFLOCKEN

NACH DEM 11. MONAT **1 PORTION** VITAMINREICH **5 MIN.**	Banane schälen. • Mit Kürbispüree, Milch und Hirseflocken in ein hohes Gefäß geben und pürieren.

Nach dem 11. Monat

BIRCHER-MÜSLI-BREI

½
APFEL ——————

1 getrocknete
PFLAUME ——————

3 El zarte
HAFERFLOCKEN

125 g
NATURJOGHURT ——————

1 El gemahlene
MANDELN

NACH DEM 11. MONAT
1 PORTION
SÄTTIGEND

5 MIN.

Apfel entkernen und raspeln. • Pflaume fein hacken. • Apfel und Pflaume mit Haferflocken, Joghurt und gemahlenen Mandeln in eine Schüssel geben und vermengen.

Nach dem 11. Monat

2. Portion für Mama
RESERVIERT !!

APRIKOSEN-MANDEL-AUFSTRICH

3 getrocknete
APRIKOSEN

½
BANANE

1 El
MANDELMUS

NACH DEM 11. MONAT
FÜR 2 BROTSCHEIBEN
NUR MIT FRUCHTSÜßE

5 MIN.

Aprikosen hacken. • Banane schälen. • Beides mit Mandelmus in ein hohes Gefäß geben und fein pürieren. • Auf zwei Brotscheiben streichen und servieren.

AVOCADO-RICOTTA-AUFSTRICH

½
AVOCADO ——————

2 El
RICOTTA

NACH DEM 11. MONAT
FÜR 2 BROTSCHEIBEN
VITAMINREICH

5 MIN.

Avocado-Fruchtfleisch mit einer Gabel zerdrücken. • Ricotta zufügen und beides vermengen. • Auf zwei Brotscheiben streichen und servieren.

HAFER-APFEL-COOKIES

1 kleiner
APFEL

2
EIER

5 El zarte
HAFERFLOCKEN

50 g gepuffte
HIRSE

1 El
SESAM

1 El
HONIG
(NACH BELIEBEN)

NACH DEM 11. MONAT 20 STÜCK GESUND KNABBERN 25 MIN.	Ofen auf 160 Grad vorheizen. • Apfel entkernen und mit Schale raspeln. • Eier trennen. • Eiweiß steif schlagen. • Apfelraspel, Haferflocken, Hirse, Sesam, Honig und Eigelb unterrühren. • Mit einem Esslöffel kleine Häufchen auf ein mit Backpapier belegtes Blech geben, flach drücken und 12–14 Min. backen.

kleine

KRÜMMEL
MONSTER

MÖHREN-BULGUR-TOPF

1 mittelgroße
MÖHRE

1 kleine
ZUCCHINI

4 El
RAPSÖL

550 ml
MÖHRENSAFT

9 El
BULGUR

NACH DEM 11. MONAT
4 PORTIONEN
GANZ EINFACH
VITAMINREICH

25 MIN.

Möhre raspeln. • Zucchini in babygerechte Stücke würfeln. • Öl in einem Topf erhitzen und das Gemüse darin 5 Min. andünsten. • Möhrensaft und Bulgur zufügen und alles 10 Min. kochen.

GUTEN APPETIT!

Nach dem 11. Monat

HÜHNER-GEMÜSE-SUPPE

3 mittelgroße
KARTOFFELN _____ ½ **KOHLRABI** _____ 1 mittelgroße
MÖHRE

120 g
HÄHNCHENBRUST _____ 2 El
RAPSÖL

NACH DEM 11. MONAT
4 PORTIONEN
MILD
BEKÖMMLICH

30 MIN.

Kartoffeln, Kohlrabi und Möhre schälen und mundgerecht würfeln. • Hähnchenbrust ebenfalls mundgerecht würfeln. • Rapsöl in einem Topf erhitzen. • Gemüse und Fleisch darin 2 Min. sanft andünsten. • 600 ml Wasser zufügen und alles 20 Min. kochen, bis das Gemüse butterweich ist.

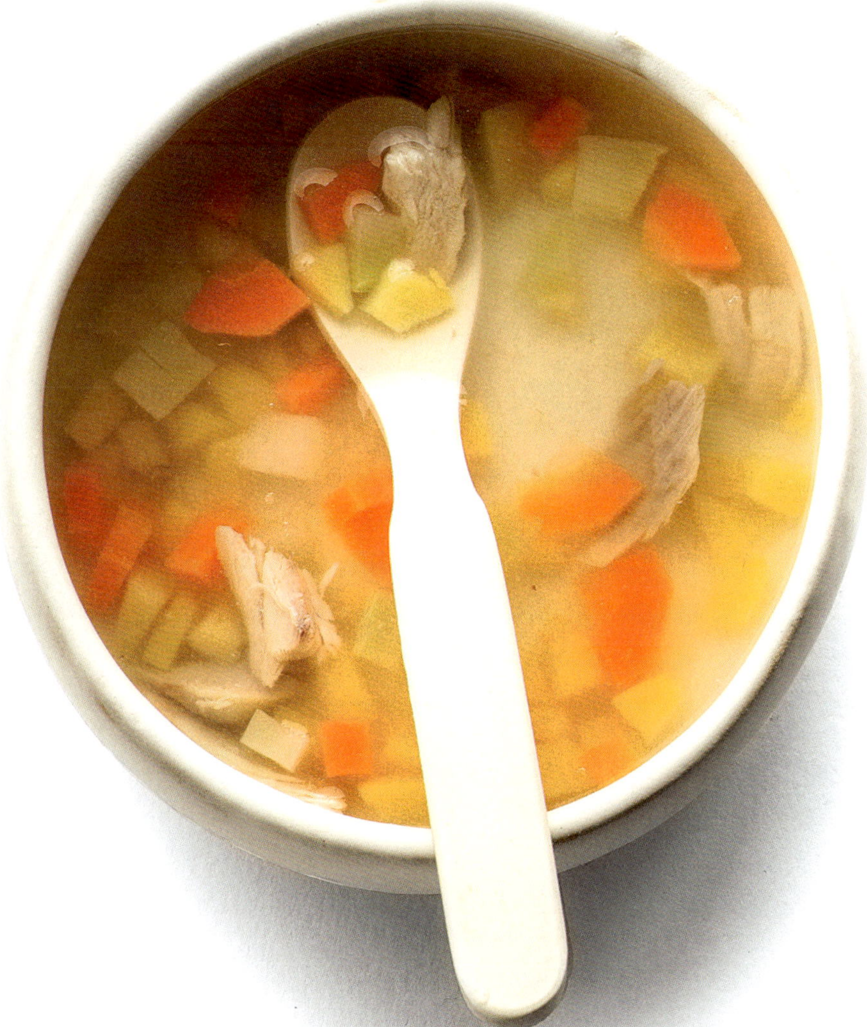

Nach dem 11. Monat

GEMÜSE-BOLOGNESE

2 mittelgroße
MÖHREN _____

150 g
RINDERHACKFLEISCH _____

1 El
RAPSÖL

1 El
TOMATENMARK _____

1 Dose gehackte
**TOMATEN
(CA. 400 G)** _____

160 g
VOLLKORNNUDELN

**NACH DEM 11. MONAT
4 PORTIONEN
EISENREICH
ZINKREICH**

20 MIN.

Möhren schälen und raspeln. • Hackfleisch im heißen Rapsöl einige Minuten andünsten. • Möhrenraspel, Tomatenmark und Tomaten zufügen und alles 10 Min. köcheln lassen. • Nudeln nach Packungsangabe zubereiten, abgießen und mit der Bolognese servieren.

... oder
mit der
HAND

Nach dem 11. Monat

RAHMKARTOFFELN MIT SCHINKEN

3 festkochende
KARTOFFELN _____

6 El
TK-ERBSEN
(CA. 80 G) _____

3 El
VOLLMILCH

1 El
FRISCHKÄSE _____

2 Scheiben
KOCHSCHINKEN

NACH DEM 11. MONAT
2 PORTIONEN
MILD
BEKÖMMLICH

25 MIN.

Kartoffeln würfeln (2 × 2 cm) und in einem Topf in etwas Wasser in 10 Min. weich kochen. • TK-Erbsen zufügen und alles weitere 5 Min. kochen. • Gemüse abgießen. • Milch erwärmen, Frischkäse einrühren. • Über das Erbsen-Kartoffel-Gemüse geben. • Schinken klein würfeln und mit dem Rahm-Gemüse servieren.

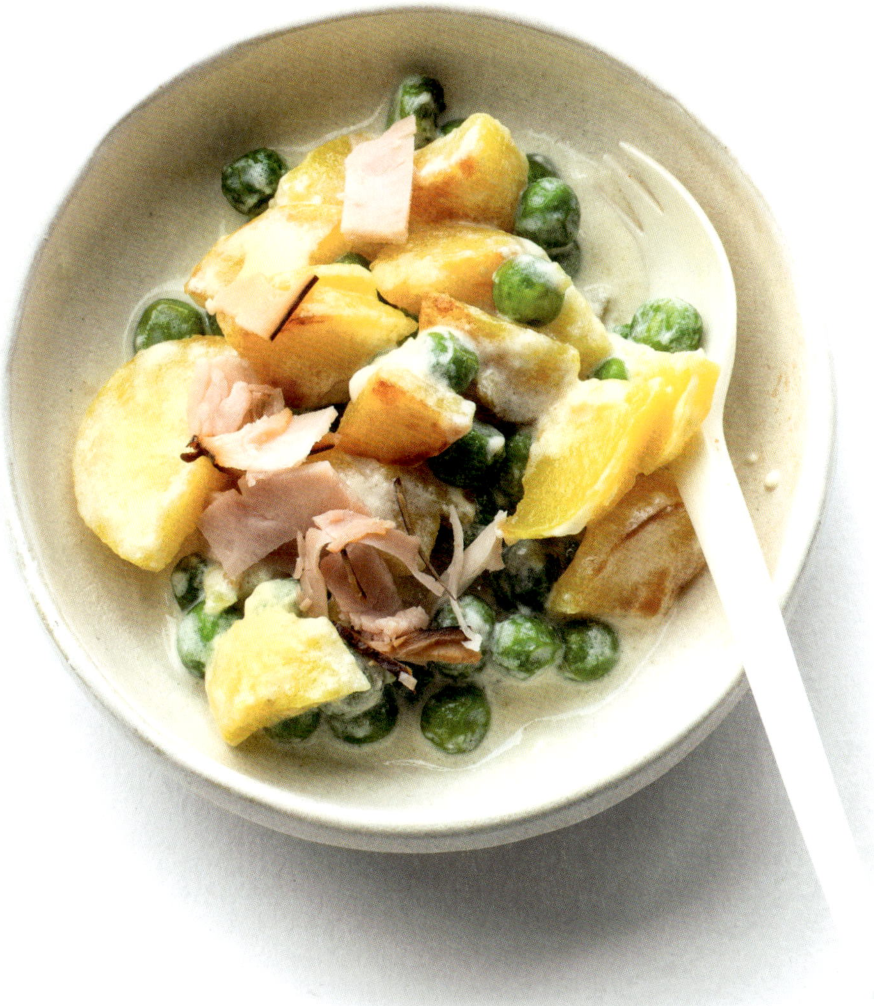

GEMÜSEKUGELN

140 g
KARTOFFELN _____

1 mittelgroße
MÖHRE _____

3 El geriebener
GOUDAKÄSE

1
EI _____

3–4 gehäufte El
**DINKELMEHL
TYP 1050** _____

RAPSÖL ZUM BRATEN

NACH DEM 11. MONAT 15 STÜCK SCHMECKEN WARM UND KALT 20 MIN.	Kartoffeln und Möhre schälen und raspeln. • Gemüseraspel mit Käse, Ei und Mehl vermengen. • Aus dem Teig ca. 15 kleine Kugeln formen. • Im heißen Öl ca. 8 Min. rundherum braun braten. • Lecker mit Naturjoghurt als Dip.

LECKER
SCHMECKER

Nach dem 11. Monat

DINKEL-KNABBERTIERE

120 g
**DINKELMEHL
TYP 1050** _____

¼ TL
**WEINSTEIN-
BACKPULVER** _____

60 g weiche
BUTTER

2 TL
HONIG _____

1 Prise
CEYLON-ZIMT

**NACH DEM 11. MONAT
20 STÜCK
GESUND KNABBERN**

25 MIN.

Backofen auf 190 Grad vorheizen. • Mehl mit Backpulver in eine Schüssel geben und vermischen. • Butter, Honig, 1 Prise Salz und Zimt zufügen und alles miteinander verkneten. • Teig ca. 3 mm dick ausrollen und Tiere ausstechen. • Auf ein mit Backpapier belegtes Blech legen und 8–10 Min. im Ofen backen.

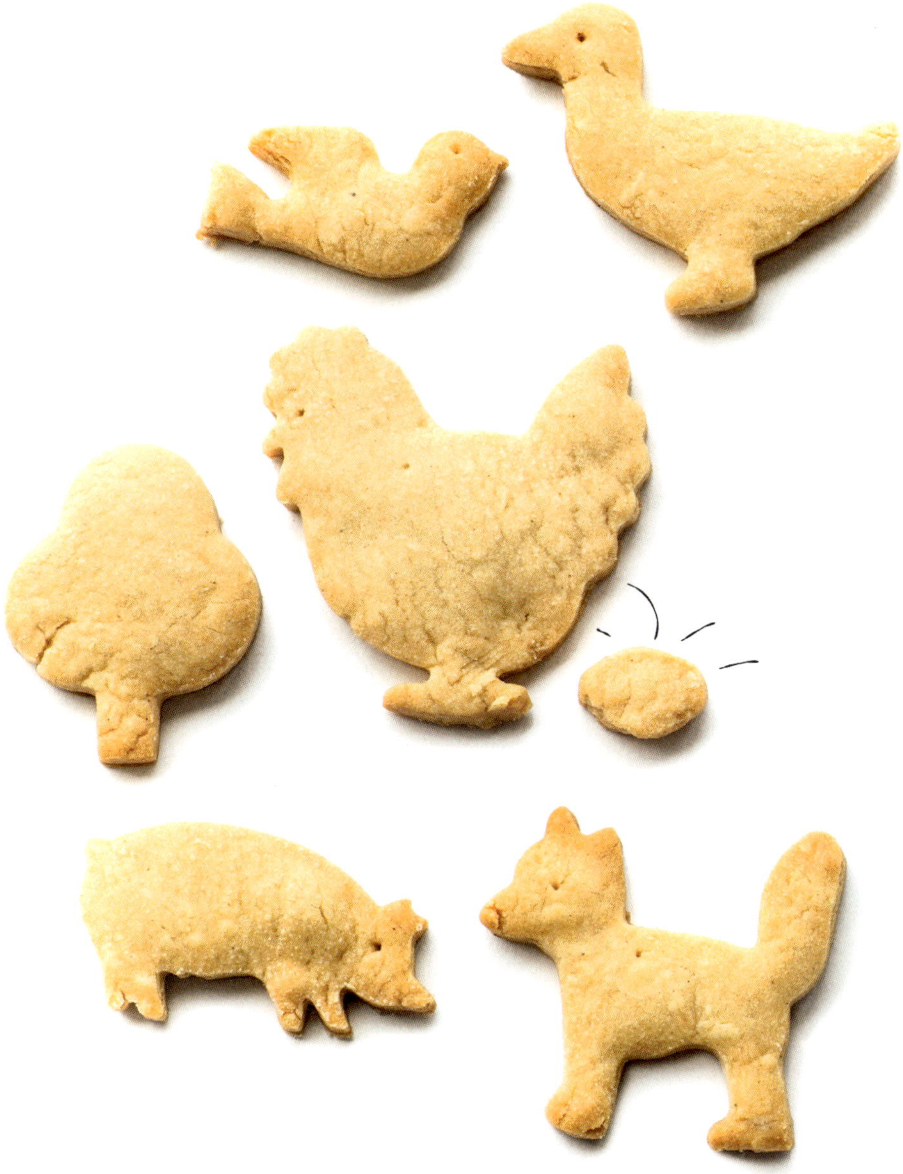

Nach dem 11. Monat

REZEPTREGISTER

LIEBE LESERIN, LIEBER LESER,

hat Ihnen dieses Buch weitergeholfen? Für Anregungen, Kritik, aber auch für Lob sind wir offen. So können wir in Zukunft noch besser auf Ihre Wünsche eingehen. Schreiben Sie uns, denn Ihre Meinung zählt!

Ihr TRIAS Verlag

E-Mail-Leserservice
kundenservice@trias-verlag.de

Lektorat TRIAS Verlag
Postfach 30 05 04
70445 Stuttgart
Fax: 0711 89 31-748

Abonnieren Sie unsere Newsletter:
www.trias-verlag.de/newsletter

Besuchen Sie uns auf facebook
**www.facebook.com/
trias.tut.mir.gut**

Besuchen Sie uns auf facebook
**www.facebook.com/
mama.mag.trias**

Folgen Sie uns auf Instagram
**www.instagram.com/
trias_verlag**

Lassen Sie sich inspirieren
**www.pinterest.com/
triasverlag**

Quellenverzeichnis der Bildquellen von stock.adobe.com:

S. 12, Dampfaufsatz: Shariff Che'Lah
S. 12, Eiswürfelform: Coprid
S. 12, Kartoffelstampfer: geniuskp
S. 12, Latz: venusangel
S. 12, Messbecher: dmitriykazitsin
S. 12, Schneidebrett mit Messer: ILYA AKINSHIN
S. 12, Sparschäler: Viktor
S. 12, Stabmixer: nito
S. 12, Vorratsdose: kseyale
S. 20, 42, 88, 116, Möhren: angorius
S. 22, 36, 80, Kürbis: Kateryna
S. 24, 26, 38, 40, 42, 44, 54, 56, 58, Kartoffel: sommai
S. 24, 40, Pastinaken: Eva Gruendemann
S. 26, 54, 74, 78, Brokkoli: baibaz
S. 28, 46, 56, Fenchel: MP2
S. 28, 68, Süßkartoffel: designelements
S. 30, Birnen: volff
S. 32, 54, 62, 70, 102, Hirse: wojot
S. 32, 64, Apfelmus: Moving Moment
S. 34, Dinkelflocken: Diana Taliun
S. 34, 102, 106, Banane: Andrzej Tokarski
S. 36, 74, Rindfleisch: karandaev
S. 38, 112, Zucchini: tab62
S. 38, 50, Putenbrustfillets: Viktor
S. 40, Kalbsschnitzel: photocrew
S. 42, 80, Lachsfilet: ImagesMy
S. 44, 114, Kohlrabi: imagineilona
S. 44, 78, Seelachs: ExQuisine
S. 46, 48, 74, Vollkornreis: iprachenko
S. 46, 52, 82, 114, Hähnchenbrust: Joe Gough
S. 46, 92, Mango: Reena
S. 48, Steckrübe: emuck
S. 48, 68, 76, 84, 116, Hackfleisch: womue
S. 50, 52, 116, Vollkornnudeln: laufer
S. 50, 72, 82, 118, Erbsen, TK: ange1011
S. 52, 70, Maiskolben: photocrew
S. 58, Tahin (Sesammus): baibaz
S. 58, Topinambur: Stephane Duchateau
S. 58, 60, 72, 100, 104, 110, Haferflocken: Natallia
S. 60, 104, 110, Apfel: Markus Mainka
S. 62, Pfirsich: Dionisvera
S. 64, Grieß: kolesnikovserg
S. 66, Gemüsebrühe: photosiber
S. 66, Hüttenkäse: DenisProduction.com
S. 66, Paprika, rot: eyetronic
S. 66, Petersilie: jrpg
S. 66, 76, 112, 122, Bulgur: Diana Taliun

S. 68, Orange: atoss
S. 68, 78, Paprika, gelb: Barbara Pheby
S. 70, 72, 114, 118, 120, Kartoffeln: Natika
S. 74, 94, Couscous: Liaurinko
S. 76, Tomate: Jacek Fulawka
S. 76, 112, Saft: rcfotostock
S. 78, Schleifchennudeln: Jiri Hera
S. 80, 86, 116, Penne: romantsubin
S. 82, 120, Käse, gerieben: Dmytro
S. 82, 84, 90, Risottoreis: Jiri Hera
S. 84, Pastinake: sarahdoow
S. 86, Basilikum: Jiri Hera
S. 86, Mandeln: spaxiax
S. 86, Spinat, TK: poko42
S. 86, 98, Parmesan, gerieben: maxsol7
S. 88, Buchstabennudeln: barkstudio
S. 88, passierte Tomaten: Andrea
S. 90, Blaubeeren: GCapture
S. 92, Vollkorn-Zwieback: Pixelspieler
S. 94, Himbeeren: maria_bk
S. 96, Hefe, trocken: dule964
S. 96, Rosinen: thatpichai
S. 96, 120, 122, Vollkornmehl: curto
S. 96, 98, 122, Butter: bigacis
S. 98, Polenta: oxie99
S. 100, Erdbeeren: Alex Malikov
S. 102, Kürbispüree: Anna81
S. 104, getrocknete Pflaumen: robertsre
S. 104, Mandeln, gemahlen: joanna wnuk
S. 104, Joghurt: Coprid
S. 106, getrocknete Aprikosen: Liaurinko
S. 106, Mandelmus: jarafoti
S. 108, Avocado: eyetronic
S. 108, Ricotta: tstock
S. 110, Eier: Rynio Productions
S. 110, Hirse, gepufft: ange1011
S. 110, Sesam: Viktor
S. 116, Tomaten stückig: Moving Moment
S. 116, Tomatenmark: Schwoab
S. 118, Frischkäse: Mara Zemgaliete
S. 118, Schinken: Viktor
S. 120, Ei: Torbz
S. 122, Backpulver: kolesnikovserg
S. 124, Zimt: ange1011
S. 110, 122, Honig: slawek_zelasko
S. 112, 114, 120, Möhre: Valentina R.

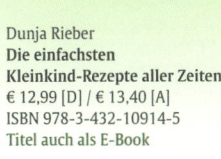

Bibliografische Information der Deutschen Nationalbibliothek
Die Deutsche Nationalbibliothek verzeichnet diese Publikation in der Deutschen Nationalbibliografie; detaillierte bibliografische Daten sind im Internet über http://dnb.d-nb.de abrufbar.

Programmplanung: Uta Spieldiener
Projektmanagement: Annalena Müller
Redaktion: Ursula Brunn-Steiner, Vaihingen/Enz
Bildredaktion: Christoph Frick, Caroline Merdian

Umschlaggestaltung und Layout: CYCLUS Visuelle Kommunikation, Stuttgart

Bildnachweis:
Umschlagmotiv:
Rezeptfoto: Daniela Sonntag,
Styling: Stephanie Türck
Kartoffel: sommai – stock.adobe.com
Brokkoli: baibaz – stock.adobe.com
Illustration: Daniela Sonntag
Fotos im Innenteil:
Rezeptfotografien: Daniela Sonntag
Styling: Stephanie Türck
Zutatenfotos: stock.adobe.com
(ausführliches Quellenverzeichnis S. 126)
Illustrationen: Daniela Sonntag

1. Auflage 2019

© 2019 TRIAS Verlag in Georg Thieme Verlag KG, ein Unternehmen der Thieme Gruppe, Rüdigerstraße 14, 70469 Stuttgart

Printed in Germany

Satz: Fotosatz Buck, Kumhausen
Gesetzt in Adobe InDesign CS6
Repro: LUDWIG:media GmbH, Zell am See (Österreich)
Druck: AZ Druck und Datentechnik GmbH, Kempten

Gedruckt auf chlorfrei gebleichtem Papier

ISBN 978-3-432-10912-1   1 2 3 4 5 6

Auch erhältlich als E-Book:
eISBN (ePub) 978-3-432-10913-8

Wichtiger Hinweis: Wie jede Wissenschaft ist die Medizin ständigen Entwicklungen unterworfen. Forschung und klinische Erfahrung erweitern unsere Erkenntnisse. Ganz besonders gilt das für die Behandlung und die medikamentöse Therapie. Bei allen in diesem Werk erwähnten Dosierungen oder Applikationen, bei Rezepten und Übungsanleitungen, bei Empfehlungen und Tipps dürfen Sie darauf vertrauen: Autoren, Herausgeber und Verlag haben große Sorgfalt darauf verwandt, dass diese Angaben dem Wissensstand bei Fertigstellung des Werkes entsprechen. Rezepte werden gekocht und ausprobiert. Übungen und Übungsreihen haben sich in der Praxis erfolgreich bewährt.